# LINEAS DE GUERRA DESDE GAZA A KABUL

*Dedicada estas Crónicas a los miles de mártires, niños, mujeres y hermanos que caen día a día, en Gaza, Al-Quds (Jerusalén Ocupada), Damasco, Bagdad, Kabul…bajo las garras de la opresión de los señores de la guerra y la muerte, que dictan sus sentencias y eligen al Oriente Medio, como cementerio de sus negocios imperialistas.*

*A ellos mi conciencia escrita, hecha tinta.*

*Abu Faisal Sergio Tapia*

# Crónica bajo el Cielo de Gaza

Son las 6 retumba en mi mente el llamado del al-muecín lejano, que se mezcla con la cálida voz de mi madre que me acaricia con su frase: ya es hora habibi,  debo levantarme junto a mi hermano Ahmed para ir a la escuela,  mi padre en la cocina toma café, con su sonrisa de pescador de Gaza me regala su beso en la frente con su Salam,  parece que no despierto,  caigo al suelo junto al estruendo de una fuerte explosión en mis oídos, me duele todo, no veo nada,  todo es blanco, todo es negro, siento gritos, siento llantos, siento voces, siento ruidos que vienen del cielo, son aviones que arrojan bombas...acabando con todo lo que amo...acabando con mi historia...acabando con mi vida, solo por ser palestino.

*La radio anuncia la muerte de una familia de refugiados, daños colaterales dicen los ministros, dolor de los inocentes llora la humanidad de esta crónica urbana.*

MINUTO DE
SILENCIO
ESTALLAN
LAS BOMBAS
SOBRE EL
HOSPITAL

# Crónica bajo el cielo de Yemen

Zumbidos de bombas destruyen todo el mercado
Pedazos de sueños destrozados
Los llantos del niño del Yemen olvidado,
son más de 60.000 los inocentes callados
mientras el Rey saudí lo ha festejado
desde el 26 de marzo ensangrentado
Yemen...
Mi eterno Yemen
yo no te olvidado.

NO HAY LUGAR
SEGURO...
SOLO LOS ABRAZOS
DE LA MUERTE

# Crónica de la democracia occidental en Oriente Medio

Muerte y destrucción En Kabul
Muerte y destrucción En Bagdad
Muerte y destrucción En Gaza
Muerte y destrucción En Saná
Muerte y destrucción
Así te llamas...
Democracia occidental.

CADA 10 MINUTOS
MUERE UN HIJO MIO
POR TUS BOMBAS DE
HAMBRE....-

# Crónica bajo el cielo argelino de libertad

El niño grito alto al oficial francés.
Esto es  Argelia tierra de mártires le señalo con su mano.
La mirada del colonialista se enfureció.
El niño levantó el desierto y con su aliento quemó al oficial francés.
Así nació la liberación argelina de la opresión del criminal francés.
Historias del Magreb.

YA NO QUEDAN MAS
FAMILIAS
SOLO PEDAZOS EN
KABUL

# Crónica de 70 años bajo ocupación

Azotes sobre la nada
Resoluciones falsas
Mercenarios de la historia
El crimen ejecutado
El pueblo asesinado
Mi casa quemada
Mis hijos fusilados
Mi patria desgarrada
Mi abuelo me habla
70 años de Nakba
70 años de Genocidio
70 años de Mártires
70 años de Tierra Robada

CADA TRES DIAS
MUERE UN NIÑO
PALESTINO CON TUS
BALAS
MADE IN

# Crónica de la traición de mi hermano

Vientos en la traición...
que se desparrama...
de corona en corona...
desierto petróleo y oro.

Más traidor para su hermano que su propia sangre.

Testigos como morteros disparados en la memoria
de la siempre Nakba
Al-Quds, Gaza, Jenin...
y más y más
Washington y Tel Aviv
su pacto de sangre han sellado,
y mi hermano
me ha traicionado.

ME ROBAN MI
TIERRA, ME ROBAN
MI CASA,
MATAN A MIS HIJOS
A VOS TE IMPORTA?

# Crónica del hijo mártir

Mi hijo en mi vientre
ya es mártir .
Esta ocupación ha decidido
matarnos.
Lo que no saben, que hemos
decidido liberarnos.
Libres e inmortales puños de
sangre hemos golpeado
al criminal ejército del
Opresor

MI MADRE ES UNA SERPIENTE, PERO LA TUYA DA A LUZ CRIMINALES Y GENOCIDAS DE NIÑOS

# Crónica del viernes en Jerusalén ocupada

Lágrimas de sangre se han
Levantado,
Esta mañana en toda Jerusalén ocupada
Los criminales reunidos han arrojado
Su arrogancia en la tierra sagrada
El ejército de la ira se prepara,
para que cada viernes después del llamado
La intifada salga
Al combate contra la infamia
de la historia robada.

Que se siente ser
un asesino de un
pueblo heroico?
Señor primer
ministro...

# Crónica de la resistencia armada

Son pedazos rotos
Donde nadie mira
10 años y más.
Cuánto dolor sobre mis hermanos.
Llama a la oración sobre las ruinas.
Ora mi sangre por los mártires.
Sacude mi alma una y otra vez.
Lágrimas de la infancia arrasada.
Se llama Gaza...
mi tierra amada.
Se llama resistencia
con el alma...armada.

LLEGA CORRESPONDENCIA A LOS DESPACHOS DE LOS PRIMEROS MINISTROS DE OCCIDENTE, SON LOS CADAVERES DE LAS VOCES INOCENTES SILENCIADAS POR SUS BOMBAS

IMPUNIDAD...

CUANTO VALE LA
VIDA DE UN NIÑO
PALESTINO,
AFGHANO,
SIRIO,
AFRICANO,


PERDON NO COTIZAN
EN SU MERCADO DE
VALORES.

# ETIOPÍA, AFRICA

El calor inmenso sobre el campo, lo quiebra todo,
aquí ya no hay esperanzas,
la condena de nuestra raza, por la brutalidad
colonialista se expande eternamente,
se hace carne desgarrada,
el hambre arma de guerra,
ya llegaron los nuevos mercenarios,
cuantos me pregunta Fadul,
cuantos de cuantos,
si esto es Etiopía…
el cementerio de la humanidad olvidada

# CRÓNICA DEL SILENCIO

Aquí la BBC, 150.000 migrantes llegaron a Yemen…
el silencio de los gobiernos…
el teléfono suena en cada despacho de los primeros ministros,
en cada timbrazo muere un niño en el Cuerno de África,
en el estrecho Al Mandeb, en el golfo de Adén,
señores líderes mundiales sus bombas las de hambre matan y matan,
por cierto en Yemen cada 10 minutos…
Riad, Washington, Londres…
todos alfombran sus despachos
con los cadáveres de los niños
del Cuerno de África
que caen segundo tras segundo…

Ruanda 1994
las lagrimas
de la
humanidad

# ¿Ya has matado a un tutsi?

100 días de abril,  300 mil niños asesinados,
somos negros, somos africanos,
ONU rubia y europea donde estas?
Observas a metros el genocidio,
mientras me matan
tú me entierras,
El genocidio fue organizado
por el asesino y por tu indiferencia
Me dueles Ruanda

# La Declaración Universal de los Derechos Humanos de la Muerte

La Declaración Universal de los Derechos Humanos de la Muerte es un documento que marca un hito en la historia de los derechos humanos como instrumento de guerra y destrucción de pueblos del mundo.

Elaborada por representantes de todas las regiones del mundo con diferentes antecedentes jurídicos y culturales, desde la guerra, la banca, el comercio de armas, el servicio de mercenarios, la Declaración fue proclamada por el Establishment de la Guerra y la banca Internacional en las principales capitales del mundo donde se rige nuestra fuerza globalizada, en el Siglo XXI en su Resolución 2018, como un ideal común para todos los pueblos y naciones.

La Declaración establece, por primera vez, los derechos humanos de la muerte fundamental que deben aplicar e invadirse en el mundo entero y ha sido traducida en más de 500 idiomas.